Les Floraisons de l'Âme

Poèmes intérieurs

~ par Doobie

Traduit de l'anglais par Laure Valentin

Dédicace

Toute ma reconnaissance à ma chère femme, Vicky, mon inspiration et mon véritable amour :

Et à tous ceux qui ont mené une quête,

Pour la paix intérieure à l'heure de la détresse,

Pour la félicité qui comble lorsque la foi éclot,

Pour retrouver l'espoir quand autour tout chancelle,

Pour apaiser leurs âmes en manque de renouveau,

Et pour l'amour mystique qui suscite un appel.

~Doobie

Table des matières

Bas les masques *Je me courbe*

Intrépide *Expire*

Éclosion *Prières*

Héros *Paix*

Vogue *Voyage*

Divine *Destinée*

Pardonne *Océan*

L'Âme *Namasté*

Enfant *Faux-semblants*

Le changement *Amour infini*

Bien-aimée *Passion*

Cœur insouciant *Espoirs*

Ange *Arc-en-ciel*

Bénis *Tout entière*

Effondrement *Ose*

Délices *Portrait*

Humble *Grâce*

Les Floraisons de l'Âme

Poèmes intérieurs

~ par Doobie

Copyright © 2014 par Doobie Shemer

Tous droits réservés.

ISBN-10: 0-9913494-6-6

ISBN-13: 978-0-9913494-6-3

Bibliothèque du Congrès — Dépôt légal : TXu 1-898-541

Bas les masques

D'une Âme à une autre, dévoile-toi,

Progresse, ne te cache pas, accepte ta nature.

Oh, divin puissant et pur, ne m'abandonne pas.

Bas les masques, nos esprits se déploient,

D'une âme à une autre, consens et vois.

Intrépide

Libère-moi, Âme céleste,

Je peux chuter, laisse-moi être,

Les ailes brisées je vacille, je rampe,

La foudre fend les ombres noires, le mal chancelle,

Intrépide, sans m'émouvoir, je réponds à l'appel.

Éclosion

Son Âme éclose croît éternellement,

Ses sentiers invitent à la suivre.

Tenace, elle lutte à contre-courant,

Elle irradie humblement et, autour d'elle, inspire.

Oh, esprit sacré, protège-la car elle est

Notre force, notre espoir unique.

Héros

Cieux obscurs, cœur troublé captif des nuages,
Vagues de saphir, esprit mis à nu, piégé par les sons,
Oh, homme saint, éclaire-moi, guide mes pas,
Paupières closes, étreins mon cœur, réveille mon Âme,
Est-il un héros qui ne chute pas?

Vogue

Repose tes mains, accepte, serein,

Embrasse la foi, sois béni par la paix,

Nulle Âme ne sera délaissée, une nouvelle aube naît,

Vogue sur le fleuve de lumière, de grâce auréolé,

Chasse tes doutes, ton fils dévoué.

Divine

Douce comme les tons délicats d'une flûte,

Qui pénètrent les êtres et montrent le chemin,

La paix est leur seul choix, leur unique moyen.

L'amour est comme un fruit sucré, une Divine Saveur,

Où partager, prier, déployer ses pétales de fleur.

Pardonne

De tout ce qui fut pris, de ce qui fut cédé,

Et de tout ce qui fut violemment perpétré,

Il ne demeure rien, rien ne reste gravé.

Réconforte ton Âme et pardonne en ton cœur,

Car seul l'Amour subsiste, seul l'Amour est vainqueur.

L'Âme

Les feuilles mortes enveloppent mes pleurs,

Mon cœur s'engourdit, l'amour s'en est allé,

Les nuages dérivent en éclipsant mes peurs,

L'Âme s'est dévoilée et a tout emporté,

Oh, Esprit Saint, conduis-moi vers l'éveil du matin.

Enfant

Oh, Esprit noble, je veux être moi, seulement,

Oh, Esprit Saint, je veux être libre, simplement.

Lâche prise, ne cherche plus,

Sois reconnaissant… sois ici et maintenant,

Accueille ton Âme, accepte ta destinée,

Vis ! Tu es enfant d'éternité.

Le changement

La vue nous trompe, nous perd, nous sommes décalés,

Mélancolique nature, nimbée de grâce et de beauté,

Tes yeux sont fermés, ton souffle est profond... expire,

C'est l'heure du changement, de l'étreinte légère,

Nous sommes un, la nature — la Terre Mère.

Bien-aimée

Nous ne formons plus qu'un,

Nous avons délaissé les choses du passé,

Un lien d'Amour unit nos Âmes à jamais,

Mon ange, ma bien-aimée, pose sur moi ta main,

D'un seul cœur nous voguons vers le soleil sans fin.

Cœur insouciant

Doucement son Âme s'élève dans un bruissement enchanteur,

Fidèle à sa destinée, elle effleure l'onde embrumée,

C'est écrit ; c'est prédit, que pourrait-elle y changer ?

Cœur insouciant, elle avance, laissant derrière elle ses peurs,

Les pas guidés par son appel intérieur,

Son Âme s'éveille aux premières lueurs.

Ange

Déploie tes ailes sur mon esprit noir,

Bénis mon âme, je te suivrai,

Ange de compassion, ange de désespoir,

Sauve-moi de cette vallée endeuillée,

Guide-moi sur les terres de l'après.

Bénis

Les prières s'élèvent, perçant l'aube embrumée,

Inaudibles les larmes se cachent, une Âme est née,

Dans la pâle lueur de l'éveil, donne une caresse à l'enfant,

Bénis sa route, réjouis-toi de son âme, ô Tout Puissant,

Les mains sont tendues, les anges sourient, l'amour a vaincu.

.

Effondrement

Notre Ego parfois nous persuade,

Que nous savons tout, que tout est accompli,

Nous nous croyons sensés, nous nous trompons de vie.

Tournons-nous vers notre Âme, il est temps,

Temps d'avancer, temps de parler,

Car de ce changement dépendent

Équilibre ou effondrement.

Délices

Elle ne craint point et marche, humble et solitaire,

Sans obéir ni suivre les voies d'un chef, d'un maître,

Oh, céleste rayon, ramène ses pas au logis !

Dans ce délicieux havre, refuge de son Âme,

Où nous sommes un, liés par un mystique habit.

Humble

Souvent elle dérive, incrédule, affligée,

« Pourquoi ? » demande-t-elle, tourmentée de chagrin,

Saura-t-elle un beau jour ?

Comprendra-t-elle enfin ?

Humble, les yeux clos, elle prie et tend la main.

Je me courbe

Elle combat les ombres du mal, triomphe des Âmes funestes,
Elle vainc le dragon aux puissantes ailes qu'elle transperce.
Les esprits divins la protègent au-dessus des tempêtes célestes,
Son cœur est bercé par la grâce, son épée nue porte ses espoirs,
Humblement, je me courbe et je la suis, obéissant.

Expire

Voyageuse des Âmes Perdues, elle dévoile les mystères,

Sur les routes froides et sinueuses des histoires délétères.

Elle inspire, la lueur mystique sonne l'appel intérieur,

Elle expire, le ciel est son appui et sa consolation,

La Voie Lactée illumine ses pas… elle s'en va.

Prières

Silence, le chagrin s'est posé, pleure, terre sainte,

Une brise froide a soufflé sur les souvenirs pâles et éteints,

L'Âme cherche une compagne, elle n'en trouve point.

Oh, esprit céleste, ne laisse pas mes espoirs ainsi anéantis,

Porte mes prières, car ma bien-aimée et moi nous sommes désunis.

Paix

Et la foule rugit, acclamant son héros,

Droite, elle les surplombe, transperce du regard les âmes vagabondes,

La foule se prosterne, soumise à son idole,

Regarde, elle se lève, et d'une voix profonde,

Comme la foule crie, épées, flèches brandies, elle tonne :

« Paix ! » Son cœur saigne d'un chagrin qu'elle a voulu cacher.

Voyage

Dans la solitude, une Âme cherche sa voix, son appel,

Le long de son parcours ascendant, la lumière étincelle,

De fausses mains tendues, oui, elle en a connu, des faux anges,

Qui jamais ne l'approuvent ni n'apaisent sa soif d'échanges,

Car c'est le voyage de sa vie, elle seule doit en payer le prix.

Destinée

Porte-moi vers ma divine destinée,

Guide-moi sur les rivages ombragés,

Bénis ma route parmi les pétales de rose,

Libère mon esprit, déverrouille la porte,

Car je suis une Âme égarée, vouée à me rendre là où le vent m'emporte.

Océan

La chair et les os mis à nu, les cicatrices profondément enfouies,

En souffrance, au désespoir, le cœur meurtri,

Elle partageait ses moments heureux, sa joie, son allégresse,

Les temps de bonheur glorieux où elle était bénie.

À présent elle vogue dans l'amour, sur un océan de tendresse.

Namasté

Le bonheur dans ses veines où coule l'éternité

Avec amis et ennemis elle veut oser le partager.

Le cœur de l'homme est un mystère non dévoilé,

L'art de la nature est son seul monde intérieur.

Âme délicate, ses ailes fragiles papillonnent,

« Namasté », elle chuchote, et son cœur fidèle rayonne.

Faux-semblants

Sa route est jalonnée d'amers enseignements,

Perplexe, elle songe, cela prendra-t-il fin, et quand ?

Âme chétive, captive d'un monde de faux-semblants,

Vouée à une solitude immense, elle tend la paume de la main,

Car elle ne croit plus à la Terre Promise qu'elle attend en vain.

Amour infini

L'harmonie est mon aspiration, la sérénité ma passion,

Aux sons de la nature céleste, je m'abandonne, émerveillé,

Révèle ma lumière intérieure, irradie de glorieuse beauté.

Un amour infini dans le cœur, je m'en remets à l'inconnu,

Car je connais mon bien-aimé, ma solitude n'est plus.

Passion

Solitaire elle avance, laissant derrière elle un vide,

Avec grâce elle lutte, définit des règles solides,

Avec majesté elle court, libre des inexorables désirs,

Avec prudence elle veille, embrasse les terres de l'avenir,

Avec bravoure elle ouvre la voie de la passion,

Sans limites elle se détend dans le silence de l'horizon.

Espoirs

Quand plus rien ne semble devenir meilleur,

Quand tu es au plus bas, que tes nuits sont glacées,

Tiens bon et rêve, transcende Âmes et cœurs.

Des espoirs infinis tourbillonnent dans les flots indomptés,

Le printemps éternel protège et embrasse nos êtres tout entiers.

Arc-en-ciel

Sois en paix, Âme divine.

Dans des halos de lumière vive, à la tombée de la nuit,

Elle prie sans un mot et son écho résonne dans les lieux solitaires.

Les vagues de la marée dissipent la nuit noire, l'ange crie,

Un arc-en-ciel au loin ranime les rêves et les espoirs.

Tout entière

Submergée d'une tristesse immense, noyée dans la désespérance,
Elle lutte pour garder la foi et pour accepter son deuil,
Elle combat pour vivre sa vie, entretient chaque espoir en elle.
Esprit sacré, prends sa main, mène-la au rivage sans écueils,
Car son Âme tout entière a compris, car elle a reçu l'appel.

Ose

Quand tu ne peux plus supporter la peine,

Ton cœur est brisé, personne ne t'accueille,

Dans ces précieux moments où, seul, tu te recueilles,

Tourne-toi vers l'Unique et donne,

Esquisse un courageux sourire et ose.

Portrait

Son rire s'est éteint lentement, l'obscurité a recouvert la chambre,
Des cendres se sont déposées, faisant taire les oraisons,
Son voyage mystique commence et la mène à destination.
La nature diaphane la guide dans sa lumière d'or et d'ambre,
Sa bien-aimée compagne révèle le portrait de son âme.

Grâce

Ténèbres – son Âme est éclipsée par l'air crépusculaire,

Une douleur tenace lui déchire les veines, pas de traces,

L'aube point, les premiers rayons effleurent la surface.

Avec foi elle prie, l'espoir se répand, inonde le sanctuaire,

Lumière – sa piété irradie, la grâce céleste l'accompagne.

Merci pour votre lecture !

Chers lecteurs,

J'espère que vous avez aimé **Les Floraisons de l'Âme : Poèmes intérieurs.**

En tant qu'auteur, j'apprécie beaucoup les retours. N'hésitez pas à me dire ce que vous avez aimé, ce que vous avez adoré, et même ce qui ne vous a pas plu. Donnez-moi de vos nouvelles à l'adresse : doobie.shemer@gmail.com et/ou rendez-moi visite sur le site: www.doobieshemer.com .

Enfin, j'aimerais vous demander une faveur. Comme vous le savez sans doute, il peut être difficile d'obtenir des avis de lecture ces derniers temps. Vous, lecteurs, avez le pouvoir d'aider les autres à découvrir ce livre.

Si vous en avez le temps, merci de partager votre avis à cette adresse :

http://www.amazon.com/Doobie-Shemer/e/B00I6FL8G6

Avec reconnaissance,

Doobie Shemer

Retrouvez Doobie :

www.sproutedsoul.net

www.facebook.com/SproutedSoul

@Doobie_Shemer

http://www.amazon.com/Doobie-Shemer/e/B00I6FL8G6

http://www.doobieshemer.com

https://www.goodreads.com/Doobie_Shemer

Les Floraisons de l'Âme

Poèmes intérieurs

~ par Doobie

Copyright © 2014 par Doobie Shemer

Tous droits réservés.

ISBN-10: 0-9913494-6-6

ISBN-13: 978-0-9913494-6-3

Bibliothèque du Congrès — Dépôt légal : TXu 1-898-541

www.ingramcontent.com/pod-product-compliance
Lightning Source LLC
Chambersburg PA
CBHW042346300426
44110CB00030B/178